FICHE DE LECTURE

Document rédigé par Martine Petrini-Poli
docteure en lettres
(Université Paris IV – Sorbonne)

Les Caractères

Jean de La Bruyère

lePetitLittéraire.fr

Rendez-vous sur lePetitLittéraire.fr et découvrez :

- plus de 1200 analyses
- claires et synthétiques
- téléchargeables en 30 secondes
- à imprimer chez soi

Code promo : LPL-PRINT-10

10 % DE RÉDUCTION SUR www.lePetitLittéraire.fr

RÉSUMÉ 6

ÉCLAIRAGES 12

CLÉS DE LECTURE 14

La peinture des mœurs

L'écriture fragmentaire

Les idées sociales et politiques de la bruyère

PISTES DE RÉFLEXION 23

POUR ALLER PLUS LOIN 24

Jean de la Bruyère
Écrivain et moraliste français

- **Né en 1645 à Paris**
- **Décédé en 1696 à Versailles**
- **Son œuvre :**
  - *Les Caractères* (1688)

Jean de La Bruyère est né à Paris en 1645, dans une famille de magistrats. Après des études de droit, il est reçu comme avocat au Parlement de Paris, mais préfère acquérir une charge de trésorier général de France à Caen. Il touche les revenus de cet office tout en résidant à Paris, où il traduit *Les Caractères* de Théophraste (c. 372-287 av. J.-C.). En 1684, le Grand Condé l'engage comme précepteur de son petit-fils, le duc Louis de Bourbon. À la mort de Condé en 1686, La Bruyère reste attaché à la maison du duc d'Enghien. En 1688, *Les Caractères*, son unique œuvre, paraissent de façon anonyme. Les éditions suivantes sont augmentées jusqu'en 1694. La Bruyère est élu à l'Académie française en 1693. Partisan des Anciens, il défend Bossuet dans la querelle des Anciens et des Modernes. Il meurt à Versailles en 1696.

Les Caractères
Corriger les mœurs

- **Genre :** satire
- **Édition de référence :** *Les Caractères ou les Mœurs de ce siècle*, Paris, Le Livre de Poche, coll. « Les Classiques de Poche », 1995, 638 p.
- **1re édition :** 1688
- **Thématiques :** morale, littérature, art, société, Cour, politique

À travers *Les Caractères*, recueil de maximes et de portraits moraux satiriques, La Bruyère cherche à peindre et à corriger les mœurs de son siècle, et ainsi à convertir les esprits libertins.

Les Caractères sont distribués en seize chapitres : deux chapitres concernent l'étude de la nature humaine en général (« De l'homme » et « Des jugements »), les autres traitent de différentes thématiques : l'art, l'amour, la société et la religion. La Bruyère ambitionne avec cette œuvre de couvrir tous les champs du savoir humain.

RÉSUMÉ

DISCOURS SUR THÉOPHRASTE

Ce texte, d'environ vingt pages, a pour objet de présenter « Les *Caractères* de Théophraste, traduits du grec, avec les Caractères ou les Mœurs de ce siècle ». Le commentaire de l'ouvrage grec et sa traduction constitueront la première partie du volume, qui se poursuivra par l'œuvre même de La Bruyère. Dans celle-ci, La Bruyère se démarque du philosophe grec : « Ceux dont Théophraste nous peint les mœurs dans ses *Caractères* étaient athéniens, et nous sommes français. »

CHAPITRE 1 – DES OUVRAGES DE L'ESPRIT

Entreprendre un ouvrage est une tâche ardue : « Tout est dit et l'on vient trop tard depuis plus de sept mille ans qu'il y a des hommes et qui pensent. » Il faut contenter des lecteurs peu perspicaces, des critiques envieux (Arsène) et des auteurs vaniteux (Théocrine). La seule solution est de retourner vers la simplicité et le naturel, à l'instar des Anciens. La Bruyère s'attellera à cette entreprise.

CHAPITRE 2 – DU MÉRITE PERSONNEL

Les charges et emplois ne s'accordent qu'en fonction de la naissance ou de la fortune, ce qui n'est pas une garantie de savoir. Égésippe, « le propre à rien », Philémon, le fat bien habillé, Mopse, l'arriviste, Celse et Ménippe, les vaniteux, en sont des exemples. Selon La Bruyère, le mérite consiste « à se faire valoir par des choses qui ne dépendent point des autres », par la vertu et la bonté.

CHAPITRE 3 – DES FEMMES

Le seul mérite des femmes est leur beauté. Elles trônent en société malgré tous leurs défauts (coquetterie, futilité, vanité et infidélité). Lorsque leur beauté se fane, les femmes âgées deviennent alors bigotes par dépit et par mode, incapables de se conduire de manière raisonnable.

CHAPITRE 4 – DU CŒUR

Le cœur humain est un tissu de contradictions. Mais il sert avant tout à aimer ; il adoucit en cela les affaires des hommes. Quant au bonheur, il est rare. Aussi, « il faut rire avant que d'être heureux, de peur de mourir sans avoir ri. » Toutes nos joies viennent du cœur : « Être avec des gens qu'on aime, cela suffit. »

CHAPITRE 5 – DE LA SOCIÉTÉ ET DE LA CONVERSATION

Les entretiens habituels sont vains et inintéressants. Acis, Arrias, Théodecte et Troïle sont des exemples de ces causeurs de salon « froids, vains et puérils » qui ignorent l'art de la conversation. Chacun d'eux ne songe qu'à étaler son érudition et à écraser les autres. Le sage fuira donc parfois le monde par ennui.

CHAPITRE 6 – DES BIENS DE FORTUNE

Clitiphon, Sosie, Arfure, Crésus, Champagne, Sylvain, Dorus et Périandre sont d'anciens laquais devenus fermiers généraux qui se sont enrichis sur la ruine de quelques familles. Cependant, l'anecdote de Zénobie, reine de Palmyre, devrait être une leçon sur les revers de fortune : elle a dépensé des sommes astronomiques pour bâtir un palais, sur les rives de l'Euphrate, qui a un jour été racheté par un de ses pâtres enrichi par les péages de ses rivières. La sagesse n'a que faire de la richesse.

CHAPITRE 7 – DE LA VILLE

La bourgeoisie de grande et de petite robe qui vit en ville est infatuée d'elle-même et méprise le laboureur « qui jouit du ciel, qui cultive la terre, qui sème à propos et qui fait de riches moissons ».

CHAPITRE 8 – DE LA COUR

La cour est « un édifice bâti de marbre, c'est-à-dire composé d'hommes fort durs, mais fort polis ». Les courtisans « dégouttent l'orgueil, l'arrogance, la présomption », comme Thédote, Cimon et Clitandre. Ils passent leur temps à faire taire leurs réels sentiments pour plaire et s'assurer ainsi des appuis.

CHAPITRE 9 – DES GRANDS

Les grands désignent les princes du sang vains, durs, oisifs, imbus d'eux-mêmes et remplis de morgue envers le peuple. Ainsi se comportent Théophile, Théognis et Pamphile. Leur grandeur ne garantit nullement leur discernement.

CHAPITRE 10 – DU SOUVERAIN OU DE LA RÉPUBLIQUE

Tous les régimes se valent. L'important est de minimiser les réformes, de maintenir la paix et d'éviter un pouvoir trop absolu.

CHAPITRE 11 – DE L'HOMME

De l'enfance à la vieillesse, le vice règne ; c'est dans la nature de l'homme. Ménalque, Irène, Gnathon, Cliton, Ruffin et Antagoras en sont des exemples. La Bruyère propose de montrer de l'indulgence envers nos compagnons de misère plutôt que de leur donner une leçon de stoïcisme.

CHAPITRE 12 – DES JUGEMENTS

Ce qui inspire nos jugements, c'est la frivolité, la vanité, l'opinion d'autrui ou la mode. Pourtant, l'homme prétend être gouverné par la raison.

CHAPITRE 13 – DE LA MODE

La mode envahit tout (on voit se développer des collections de prunes, de papillons ou encore d'estampes), jusqu'à la vie et la religion. Ainsi, Diphile fait une collection d'oiseaux jusqu'à rêver « la nuit qu'il mue ou qu'il couve », Iphis suit tellement la mode qu'il est efféminé, Onuphre se fait passer pour un dévot, car il juge que la mode est d'être dévot, etc. Seule la vertu est démodée.

CHAPITRE 14 – DE QUELQUES USAGES

Les usages se perdent : l'aristocratie n'a plus le sens de l'honneur, le clergé manque de recueillement, les magistrats perdent leur intégrité et les médecins sont vides de savoir. L'éducation se relâche. Même la langue s'est appauvrie.

CHAPITRE 15 – DE LA CHAIRE

L'éloquence mondaine de la chaire est devenue un divertissement qui attire les foules. Or le prédicateur chrétien devrait plutôt songer au salut des âmes qu'à ses succès oratoires, et « prêcher simplement, fortement et chrétiennement ».

CHAPITRE 16 – DES ESPRITS FORTS

Quels arguments peut-on opposer aux esprits forts qui nient Dieu, c'est-à-dire aux libertins ? Son propre sentiment : « Je sens qu'il y a un Dieu et je ne sens pas qu'il n'y en ait point » On peut avancer les preuves de l'harmonie de l'univers, de notre aspiration à l'infini et du principe spirituel de notre pensée qui se distingue de la matière.

ÉCLAIRAGES

Les Caractères s'inscrivent dans le classicisme, une période littéraire contemporaine de l'absolutisme de droit divin du Roi-Soleil, Louis XIV (1661-1715). L'esthétique classique se caractérise par :

- le respect du bon gout dominant, la mise en avant de valeurs qu'on estime éternelles : l'imitation de la nature ; la raison, l'ordre et l'équilibre ; la clarté de l'expression. Les artistes et écrivains sont dès lors soumis à toutes sortes de règles à respecter établies par des académies ;
- le retour à l'Antiquité et l'imitation des Anciens, auxquels les écrivains empruntent des genres littéraires, des sujets, etc.
- l'utilité morale de l'art : l'art n'a pas seulement une visée esthétique, il s'agit d'instruire les contemporains et de leur montrer comment surmonter leurs passions.

Conformément aux principes classiques, La Bruyère se réfère à un auteur grec, Théophraste (372-287 av. J.-C.), tout en conférant à son œuvre une portée morale. C'est en effet avant tout un moraliste. Il peint un tableau critique de la société du XVIIe siècle, décrivant sans complaisance les grands, les courtisans, les parvenus de la finance, les femmes, les faux dévots, etc., dans le but d'amener ses contemporains à prendre conscience de leurs vices et à se corriger. Derrière ces portraits, se dessine aussi un portrait en creux de l'honnête homme, que La Bruyère présente comme le modèle à suivre. Lagarde et Michard (professeurs de lettres dans ces années cinquante et soixante) définissent ainsi ce modèle d'homme du XVIIe siècle : « Cultivé sans être pédant, distingué sans être précieux, réfléchi, mesuré, discret, galant sans fadeur, brave sans forfanterie, l'honnête homme se caractérise par une élégance à la fois extérieure et morale qui ne se conçoit que dans une société très civilisée et très disciplinée. » C'est le portrait de Philinte dans *Le Misanthrope* de Molière (auteur dramatique français, 1612-1673) et du Duc de Nemours dans *La Princesse de Clèves* de Madame de Lafayette (femme de lettres française, 1634-1693). Dans « De la société et de la conversation », La Bruyère dénonce les défauts inverses à grand renfort d'exemples : les mauvaises plaisanteries, les commérages, les entretiens mondains superficiels, la pédanterie (Acis), l'affectation précieuse (Cydias), la vanité (Arrias), l'érudition excessive (Hermagoras), la sottise. L'homme d'esprit est celui qui parle au bon moment, à propos, avec naturel et clarté, qui sait s'effacer avec tact et discrétion. Il rend les autres contents d'eux-mêmes, il sait les écouter et leur permet de briller. La Bruyère définit ainsi l'idéal mondain d'une époque.

CLÉS DE LECTURE

LA PEINTURE DES MŒURS

L'art du portrait

Le portrait est un jeu de société qui se pratiquait au XVIIe siècle dans les salons précieux. *Dans Le Misanthrope* de Molière par exemple, à l'acte II, scène 4, Célimène, entourée de sa cour de petits marquis, s'amuse à faire le portrait des gens de son entourage.

Chez La Bruyère, le portrait consiste également en la description d'un personnage. C'est souvent du portrait physique que se dégage le portrait moral, plus particulièrement à partir des attitudes, des comportements, de la voix, de la démarche, de l'habillement, des gestes, etc. Ainsi, les portraits de La Bruyère sont toujours en action : il place les personnages dans des situations qui révèlent leur caractère. Selon le moraliste, c'est le comportement des individus qui nous renseigne sur leurs travers, leur condition, leur caractère. Il nous livre donc un tableau vivant de son siècle. En outre, tous les détails fournis développent un trait dominant qui dégage une unité d'impression (arrivisme de Mopse, vanité d'Arrias, richesse de Giton ou pauvreté de Phédon, distraction de Ménalque).

Les portraits de La Bruyère sont à la fois satiriques et didactiques, car ils ont pour but de « castigare ridendo mores », c'est-à-dire de corriger les mœurs par le rire.

En dressant des portraits, comme nous l'avons déjà expliqué, La Bruyère entend peindre la société de son temps de manière à faire prendre conscience de leurs vices à ses contemporains, et ainsi les aider à se corriger. À propos du lecteur, La Bruyère explique dans la préface : « Il peut regarder avec loisir ce portrait que j'ai fait de lui d'après nature, et s'il se connaît quelques-uns des défauts que je touche, s'en corriger. » Notons au passage que le moraliste rédige ses portraits d'après nature. Et, de fait, l'imagination cède la place, dans *Les Caractères*, à l'observation. Il s'agit même de la base du livre : l'auteur a composé son ouvrage à partir de son expérience personnelle et de l'examen de la société de son siècle. D'ailleurs, pour ses contemporains, certains portraits étaient reconnaissables.

Pour parvenir à instruire par le rire, l'auteur utilise plusieurs procédés :

- il rend son récit le plus vivant possible : il évoque des éléments qui intriguent le lecteur, il insère des anecdotes ou met en scène de petites comédies ;
- il emploie des figures de style ;
- il invente une chute surprenante à chacun de ses portraits ;
- il utilise un style varié, vif, piquant et original, ce qui ne manque pas de susciter l'intérêt et l'attention du lecteur.

Aussi La Bruyère poursuit-il un autre objectif : discerner, chez les hommes et les femmes du XVIIe siècle, des caractéristiques immuables de la nature humaine, des traits humains universels. Les portraits, tout en étant issus de l'observation, de la réalité, sont donc aussi des types de tous les temps. L'auteur précise d'ailleurs dans sa préface : « Bien que je les tire souvent de la Cour de France et des hommes de ma nation, on ne peut néanmoins les restreindre à une seule cour, ni les enfermer en un seul pays, sans que mon livre ne perde beaucoup de son étendue et de son utilité, ne s'écarte du plan que je me suis fait de peindre les hommes en général… »

Quelques exemples de portraits

- Dans « Du mérite personnel », le portrait de Mopse, l'arriviste, en fait le contraire de l'honnête homme. La Bruyère trace d'abord un portrait moral en peignant un comportement, sans donner de détails physiques. Des séries de verbes le montrent en action, dans des cercles de plus en plus élargis. Comme tous les arrivistes, il veut se faire connaitre, il force l'entrée des milieux qui lui sont fermés et il gravit les échelons, mais, ne pouvant s'empêcher de manifester sa mauvaise éducation et son sans-gêne, il finit par se ridiculiser. Serait-ce le portrait de l'Abbé de Saint-Pierre, aumônier à la cour, qui manquait de tact, mais non de finesse ?
- Dans « De la société et de la conversation », le portrait d'Arrias, le bavard vaniteux, est brossé sur deux plans : la scène du monde où parade Arrias qui « a tout lu, a tout vu » et la coulisse où veille ironiquement La Bruyère, attentif à détruire les illusions. Tandis que l'on converse à la « table d'un grand » sur une « cour du Nord », Arrias prend la parole, l'ôte aux autres, discourt, récite des historiettes sur cette cour et confond

son contradicteur, convaincu de l'avoir écrasé. C'est alors le coup de théâtre préparé et inattendu du narrateur qui conclut par quelques mots prononcés calmement par l'ambassadeur en personne : « C'est Sethon à qui vous parlez, lui-même, et qui arrive de son ambassade. » On imagine la confusion d'Arrias et le sourire des convives qui triomphent avec modération.

- Dans « Des biens de fortune », on trouve les portraits de Giton et Phédon, le riche et le pauvre. Giton est le nom d'un personnage débauché et vulgaire du roman de Pétrone (écrivain latin, Ier siècle), le *Satiricon*. Phédon est l'interlocuteur de Socrate dans un dialogue éponyme de Platon (philosophe grec, 427-347 av. J.-C.). Le portrait est bâti sur le procédé de l'antithèse : le portrait physique est développé pour le riche, alors qu'il est bref pour le pauvre. En société, l'un est impoli, sans-gêne et oisif, l'autre poli, gêné et besogneux. L'un s'impose dans sa démarche, sa conversation et la manière de s'asseoir, l'autre s'efface. L'un est enjoué et vaniteux, « il est riche », l'autre misanthrope et modeste, « il est pauvre ».
- Dans « De l'homme », La Bruyère dresse le portrait de Ménalque, le distrait. Ce portrait caricatural est bâti sur le procédé de l'accumulation de quatorze anecdotes, ce qui lui donne une longueur insolite. Chaque anecdote se démultiplie encore en de nombreuses mésaventures chez lui, quand il sort, à l'église, au jeu, en société, à table, etc. C'est ainsi un catalogue d'effets comiques produits par des rencontres imprévues, des confusions d'objets ou de bêtises qui relèvent parfois du burlesque. Le point commun de toutes ces historiettes est l'inguérissable distraction de Ménalque.

L'ÉCRITURE FRAGMENTAIRE

Le fragment est un genre littéraire dont les origines sont anciennes (sentences et apophtegmes de la littérature grecque et latine, aphorismes, pensées, épigraphes, maximes, morales des fables, proverbes, devises, etc.), mais qui s'est surtout pratiqué à partir du XVIIe siècle (notamment à partir de la *Première journée* de Théophile de Viau, 1623). Il se caractérise par une esthétique de la discontinuité (le fragment est considéré pour lui-même, sans référence à une organisation englobante) qui correspond à une perception éclatée, décousue du monde, dans laquelle l'unité et les certitudes ne sont plus essentielles.

La Bruyère recourt lui-même au genre du fragment dans *Les Caractères*. Il y dresse en effet des portraits d'une longueur variée, des « remarques », qui sont indépendants les uns des autres.

S'il utilise la forme du fragment, c'est pour deux raisons principales :

- d'une part elle lui permet de montrer la diversité, les contradictions et l'inconstance de l'homme : « Les hommes n'ont point de caractère, ou s'ils en ont, c'est celui de n'en avoir aucun qui soit suivi » (chapitre XI « De l'homme ») ;
- d'autre part elle offre au lecteur, par sa concision et son acuité, des visions fragmentaires du monde dans un présent de vérité générale, comme c'est également le cas dans les *Pensées* de Pascal (mathématicien, physicien et écrivain français, 1623-1662) ou dans les *Maximes* de La Rochefoucauld (écrivain français, 1613-1680).

De plus, notons que l'intérêt de l'écriture fragmentaire réside également dans sa part d'« indécidable », dans son caractère quelque peu énigmatique : en effet, le fragment, par son incomplétude, ouvre la porte à la réflexion et aux questionnements. Et l'objectif des *Caractères* est justement de permettre aux hommes du XVIIe siècle de se remettre en question.

Mais La Bruyère ne se contente pas de recourir au genre du fragment, il prolonge cette esthétique de la discontinuité jusqu'à l'intérieur même du fragment : il ôte toutes les liaisons logiques et ne ménage aucune transition dans son discours, et ses portraits ressemblent à des listes d'actes qui s'accumulent sans qu'il n'y ait nécessairement de récit.

LES IDÉES SOCIALES ET POLITIQUES DE LA BRUYÈRE

La critique sociale

La Bruyère peint toutes les catégories sociales, sans exclure le paysan, si rarement présent dans la littérature du temps. Il proteste, en homme de cœur, contre la misère : « Il y a des misères sur cette terre qui saisissent le cœur… » Les paysans font vivre la nation et n'ont pas de quoi se nourrir : « L'on voit certains animaux farouches… ils montrent une face humaine et en effet, ils sont des hommes. » L'auteur dénonce la disproportion des conditions et celle des biens (« Des Biens de fortune » et « De l'homme »). Il estime que, trop souvent l'argent l'emporte sur le mérite. La Bruyère dénonce ainsi une société où le mérite personnel ne compte pas face à la naissance et à la fortune : « Combien d'hommes admirables, et qui avaient de très beaux génies, sont morts sans qu'on en ait parlé ! Combien vivent encore dont on ne parle point, et dont on ne parlera jamais ! » (II, 3)

Ce qu'il condamne avant tout, c'est le règne de l'argent, qui tient lieu de mérite, de noblesse et d'esprit. Tout le chapitre 6 « Des biens de fortune » attaque les partisans (en abréviation P.T.S.), ou financiers, ou fermiers (ces trois titres synonymes désignaient ceux qui recouvraient, par une convention appelée « parti », la ferme des impôts). Ils provoquent toutes sortes de sentiments successifs : mépris, envie, haine, crainte, estime, respect et compassion. Il cite l'exemple de Sosie, nom d'un esclave d'une comédie de Plaute (poète comique latin, 254-184 av. J.-C.) que La Bruyère récupère : Sosie (« Des Biens de fortune ») est un ancien laquais à qui un partisan a délégué une sous-ferme. Il a alors pu acheter une charge et, enfin, il a administré les biens d'une paroisse, comme marguillier. Il est devenu homme de bien en ruinant des familles. La Bruyère montre ainsi comment l'argent fait disparaitre les sentiments humains. Mais le moraliste rassure le lecteur : souvent, ceux qui sont parvenus à s'enrichir retournent un jour là d'où ils sont venus.

Les femmes ne sont pas non plus ménagées par La Bruyère. À « l'honnête femme » simple, naturelle, discrète et vertueuse, il oppose la coquette affectée et superficielle (« Des Femmes ») ou la dévote hypocrite. Personne ne leur interdit de s'instruire ; elles sont donc responsables de leur ignorance. Les causes sont multiples : leur fragilité physique, leur paresse, leur coquetterie, leur légèreté, leurs ouvrages de dame, leur rôle de maitresse de maison, leur superficialité, etc. Cependant, même une femme savante n'est qu'un objet de curiosité, un bel ornement (*ibid.*). Parmi les occupations mondaines féminines, on notera la passion du jeu, du théâtre, de la mascarade, mais aussi des jolis sermons, devenus spectacles. Or l'éloquence sacrée n'est pas un divertissement mondain (« De la chaire »). Les femmes croient aimer Dieu sincèrement, mais leur piété est ostentatoire ; elles sont dénuées de toute humilité et de toute charité chrétienne.

La critique politique

À travers *Les Caractères*, La Bruyère se livre non seulement à une critique sociale, mais aussi à une critique politique, bien qu'elle soit plus timide.

Il remet en question la conception du pouvoir monarchique (« Du Souverain et de la République ») en dénonçant notamment l'absolutisme royal. Il rappelle que le souverain n'est pas supérieur aux lois, qu'il a des devoirs à l'égard de ses sujets et qu'il est le « père du peuple ». Entouré de ses ministres, il doit veiller au maintien de la paix, éviter le faste et le luxe, s'occuper des arts et des sciences. La Bruyère dresse le portrait du roi idéal et condamne l'esprit courtisan (« De la Cour »). Par ailleurs, précisons que La Bruyère, comme Montaigne (écrivain français, 1533-1592) et Pascal, craint les bouleversements politiques, le meilleur gouvernement étant celui du pays où l'on est né. On doit ainsi obéir à ses lois et à ses coutumes.

Il dénonce également la guerre (« Des jugements »), à l'instar des philosophes du XVIIIᵉ siècle, démontrant qu'elle n'est que sauvagerie et absurdité, de même que la pratique de la torture. L'homme n'est pas cet animal raisonnable qu'il se vante d'être ; son amour de la guerre prouve sa bestialité et le fait que le mal fait partie de la nature humaine. Par conséquent, selon le moraliste, il faut réformer l'homme.

PISTES DE RÉFLEXION

QUELQUES QUESTIONS POUR APPROFONDIR SA RÉFLEXION…

- Selon vous, à quoi tient la réussite d'un portrait ?
- Qu'est-ce que le mérite, d'après *Les Caractères* ?
- En quoi *Les Caractères* sont-ils un témoignage de La Bruyère sur son temps ?
- Pensez-vous que La Bruyère combat le libertinage moral et érudit de son siècle ?
- Selon vous, La Bruyère est-il misogyne ?
- En quoi l'ouvrage de La Bruyère s'apparente-t-il au classicisme ?
- Les idées développées par La Bruyère dans *Les Caractères* éclairent-elles le lecteur sur sa position dans la querelle des Anciens et des Modernes ?
- Peut-on dire que *Les Caractères* annoncent la philosophie des Lumières ? Justifiez.
- Imaginez la mise en scène d'un caractère (décor, costumes, distribution, jeux de scène).

POUR ALLER PLUS LOIN

ÉDITION DE RÉFÉRENCE

- La Bruyère J. de, *Les Caractères ou les Mœurs de ce siècle*, Paris, Le Livre de Poche, coll. « Les Classiques de Poche », 1995.

ÉTUDES DE RÉFÉRENCE

- Beaumarchais J. P. et Couty D., *Dictionnaire des grandes œuvres de la littérature française*, Paris, Larousse-VUEF, 2001.
- Lagarde A., Michard L., *XVIIe siècle. Les grands auteurs français au programme III*, Paris, Bordas, 1968.

ADAPTATION

- *Les Caractères de La Bruyère*, film documentaire d'Éric Rohmer, 1965.

Retrouvez notre offre complète sur lePetitLittéraire.fr

- des fiches de lectures
- des commentaires littéraires
- des questionnaires de lecture
- des résumés

ANOUILH
- Antigone

AUSTEN
- Orgueil et Préjugés

BALZAC
- Eugénie Grandet
- Le Père Goriot
- Illusions perdues

BARJAVEL
- La Nuit des temps

BEAUMARCHAIS
- Le Mariage de Figaro

BECKETT
- En attendant Godot

BRETON
- Nadja

CAMUS
- La Peste
- Les Justes
- L'Étranger

CARRÈRE
- Limonov

CÉLINE
- Voyage au bout de la nuit

CERVANTÈS
- Don Quichotte de la Manche

CHATEAUBRIAND
- Mémoires d'outre-tombe

CHODERLOS DE LACLOS
- Les Liaisons dangereuses

CHRÉTIEN DE TROYES
- Yvain ou le Chevalier au lion

CHRISTIE
- Dix Petits Nègres

CLAUDEL
- La Petite Fille de Monsieur Linh
- Le Rapport de Brodeck

COELHO
- L'Alchimiste

CONAN DOYLE
- Le Chien des Baskerville

DAI SIJIE
- Balzac et la Petite Tailleuse chinoise

DE GAULLE
- Mémoires de guerre III. Le Salut. 1944-1946

DE VIGAN
- No et moi

DICKER
- La Vérité sur l'affaire Harry Quebert

DIDEROT
- Supplément au Voyage de Bougainville

DUMAS
- Les Trois Mousquetaires

ÉNARD
- Parlez-leur de batailles, de rois et d'éléphants

FERRARI
- Le Sermon sur la chute de Rome

FLAUBERT
- Madame Bovary

FRANK
- Journal d'Anne Frank

FRED VARGAS
- Pars vite et reviens tard

GARY
- La Vie devant soi

Gaudé
- La Mort du roi Tsongor
- Le Soleil des Scorta

Gautier
- La Morte amoureuse
- Le Capitaine Fracasse

Gavalda
- 35 kilos d'espoir

Gide
- Les Faux-Monnayeurs

Giono
- Le Grand Troupeau
- Le Hussard sur le toit

Giraudoux
- La guerre de Troie n'aura pas lieu

Golding
- Sa Majesté des Mouches

Grimbert
- Un secret

Hemingway
- Le Vieil Homme et la Mer

Hessel
- Indignez-vous !

Homère
- L'Odyssée

Hugo
- Le Dernier Jour
- d'un condamné
- Les Misérables
- Notre-Dame de Paris

Huxley
- Le Meilleur des mondes

Ionesco
- Rhinocéros
- La Cantatrice chauve

Jary
- Ubu roi

Jenni
- L'Art français de la guerre

Joffo
- Un sac de billes

Kafka
- La Métamorphose

Kerouac
- Sur la route

Kessel
- Le Lion

Larsson
- Millenium I. Les hommes qui n'aimaient pas les femmes

Le Clézio
- Mondo

Levi
- Si c'est un homme

Levy
- Et si c'était vrai…

Maalouf
- Léon l'Africain

Malraux
- La Condition humaine

Marivaux
- La Double Inconstance
- Le Jeu de l'amour et du hasard

Martinez
- Du domaine des murmures

Maupassant
- Boule de suif
- Le Horla
- Une vie

Mauriac
- Le Nœud de vipères

Mauriac
- Le Sagouin

Mérimée
- Tamango
- Colomba

Merle
- La mort est mon métier

Molière
- Le Misanthrope
- L'Avare
- Le Bourgeois gentilhomme

Montaigne
- Essais

Morpurgo
- Le Roi Arthur

Musset
- Lorenzaccio

Musso
- Que serais-je sans toi ?

Nothomb
- Stupeur et Tremblements

Orwell
- La Ferme des animaux
- 1984

Pagnol
- La Gloire de mon père

Pancol
- Les Yeux jaunes des crocodiles

Pascal
- Pensées

Pennac
- Au bonheur des ogres

Poe
- La Chute de la maison Usher

Proust
- Du côté de chez Swann

Queneau
- Zazie dans le métro

Quignard
- Tous les matins du monde

Rabelais
- Gargantua

RACINE
- Andromaque
- Britannicus
- Phèdre

ROUSSEAU
- Confessions

ROSTAND
- Cyrano de Bergerac

ROWLING
- Harry Potter à l'école des sorciers

SAINT-EXUPÉRY
- Le Petit Prince
- Vol de nuit

SARTRE
- Huis clos
- La Nausée
- Les Mouches

SCHLINK
- Le Liseur

SCHMITT
- La Part de l'autre
- Oscar et la Dame rose

SEPULVEDA
- Le Vieux qui lisait des romans d'amour

SHAKESPEARE
- Roméo et Juliette

SIMENON
- Le Chien jaune

STEEMAN
- L'Assassin habite au 21

STEINBECK
- Des souris et des hommes

STENDHAL
- Le Rouge et le Noir

STEVENSON
- L'Île au trésor

SÜSKIND
- Le Parfum

TOLSTOÏ
- Anna Karénine

TOURNIER
- Vendredi ou la Vie sauvage

TOUSSAINT
- Fuir

UHLMAN
- L'Ami retrouvé

VERNE
- Le Tour du monde en 80 jours
- Vingt mille lieues sous les mers
- Voyage au centre de la terre

VIAN
- L'Écume des jours

VOLTAIRE
- Candide

WELLS
- La Guerre des mondes

YOURCENAR
- Mémoires d'Hadrien

ZOLA
- Au bonheur des dames
- L'Assommoir
- Germinal

ZWEIG
- Le Joueur d'échecs

Et beaucoup d'autres sur lePetitLittéraire.fr

© LePetitLittéraire.fr, 2014. Tous droits réservés.

www.lepetitlitteraire.fr

ISBN version imprimée : 978-2-8062-1170-5
ISBN version numérique : 978-2-8062-2025-7
Dépôt légal : D/2013/12.603/539